Zabatt Victor

© 2019, Zabatt, Victor
Edition : Books on Demand,
12/14 rond-Point des Champs-Elysées, 75008 Paris
Impression : BoD - Books on Demand, Norderstedt, Allemagne
ISBN : 9782322089925
Dépôt légal : août 2019

Addiction

J'ai vu les docs pris les médocs

Les neurones embouteillés

Pathologie sans antidote

Une addiction pour s'attacher

Ensevelie sous mes pensées

Dans un tiroir de ma mémoire

J'ai verrouillé caché la clé

Un pan de vie de mon histoire

Je parle d'elle seul dans le noir

Exaltation pour délirer

Le cœur plongé dans l'entonnoir

Passage étroit pour être aimé

Ce feu follet très volatile

Sage brûlure qui m'éblouis

Douce lumière qui pétille

Sur ce visage qui me fuit

Je respire son air vicié

Tiède chaleur qui me garnit

Mon béguin est en apnée

Emprisonné dans tous mes plis

Cette ombre noire que je poursuis

Je la piétine pour avancer

Dédoublement qui m'envahit

Jusqu'au fin fond de mes pensées

Je tends une main vers l'inconnu

Une poignée pour m'agripper

À cette passion défendue

Un attachement irraisonnée

Chaque jour qui passent je m'éparpille

Dans ce besoin incontrôlé

Une addiction au goût fragile

Fruit d'une passion déraisonnée

Amour ou amitié

L'amour ou l'amitié

Dans quel ordre commencer

L'amour pour quelques jours

L'amitié pour toujours

S'aimer se détester

D'accord pour en parler

Un dialogue pour les sourds

Aveuglés chaque jour

Se cacher ou se voir

Dans le noir la journée

Encore une drôle d'histoire

L'amour est compliqué

Attendre chaque soir

Ces mots pas oubliés

Un langage de papier

Aux reflets enflammés

Saupoudrer ces cœurs

De miettes étoilées

Décrocher cette lune

Pour l'offrir en secret

Un jeu qui nous malmène

Quand les cœurs se déchaînent

Je cherche le remède

A ces nausées malsaines.

Attendre

J'ai fermé la fenêtre

Dehors il fait nuit noir

Éteint cette cigarette

Qui enfume mes espoirs

Une chaleur qui m'écrase

Une douleur qui me plie

J'attends juste une phrase

Un mot ou même un pli

Ce glaçon qui scintille

Dans ce verre fumé

Un reflet qui s'abîme

Dans cet alcool nacré

Sur ma joue ruisselle

Une eau chargée de sel

Assis sur mon crapaud

J'attends une étincelle

Je suis comme ce vieux timbre

Collé à ton enveloppe

Je voyage comme un dingue

Le jour la nuit qu'importe

Je vis dans la pénombre

Je marche sans ton ombre

Je cherche ta lumière

Pour une vie moins sombre

Des heures qui s'effacent

Et des jours qui s'entassent

Tout ce temps égaré

Perdu dans le passé

Ces regrets qui m'enfoncent

Dans ces sables mouvants

Je cherche ton appui

Pour vivre comme avant

Patience et abstinence

Dans mon coin je t'attends

Ton absence me ronge

Encore combien de temps

La Belle

Les blés coiffent cette belle

Le vent frôle sa peau

Une douceur qui rappelle

Ce velours qui tient chaud

Ronde comme cette muse

Une esquisse qui fascine

De sagesse elle abuse

Un désir qui l'anime

Dans cette grande bulle

Un beau cœur en papier

Avec une opercule

Pour livrer sa bonté

Ces lèvres qui s'étirent

Me délivrent un sourire

Une libération

Une ode à la passion

Une chasse aux trésors

Quand je croise son regard

Je recherche cet or

Dans ce bleu je m'égare

Quand ses fibres s'éloignent

un vide viscéral

un désert qui fait mal

Une torture que je soigne

Le destin m'a mordu

Je suis comme enragé

Mes neurones ont fondu

Devant cette suavité

J'implore cette grâce

Les genoux à tes pieds

Garde moi une place

Dans ton havre caché

C'est grave docteur

Science des ânes ou même profane

Quelques idées quelques ratures

Me revoilà parti

Dans un récit une écriture

J'ai pas de style mais ça fait rien

Ça y est je me lâche ça fait du bien

Dans le jardin ou quand je peins

Les mots je les prends comme ça vient

Les mots des autres sont pas les miens

Je ne les prends pas même si c'est bien

Une écriture très ordinaire

Pourtant on me dit c'est du tonnerre

Ils sont sympa tous les copains

Veulent me faire croire que tout est bien

Si je continue tous les matins

Je finirai académicien

Cette obsession que j'ai d'écrire

elle me dérange un vrai délire

Tout ça m'a pris quand on m'a dit

On compte sur toi y a pas de répit

Mais à présent je les remercie

C'est grâce à eux enfin que j'écris

Moi quelqu'un de très ordinaire

J'ai découvert que je pouvais le faire

J'aime bien les textes quand ça respire

Faut que ça aille vite moi ça m'inspire

La science des ânes un vrai délire

Des animaux qui me font frémir

Je parle de moi c'est agaçant

Devez vous dire qu'il est pédant

Çà y est j'arrête toutes mes requêtes

J'arrête maintenant de prendre la tête

Je ne sais pas quand je m'arrêterai

Six jours un mois ou peut-être jamais

Crayon papier jusqu'à point d'heure

Des fois je me dis c'est grave docteur

Chanter

Je chante avec mes potes

Je ne sais que gazouiller

M'ont répondu qu'importe

Ton micro est branché

Y en a certains c'est sûr

M'auraient déjà viré

Un claquement de porte

Il faut te recycler

Quand l'estrade me provoque

Faut quand même s'accrocher

Mais après tout qu'importe

La scène sans ma bouée

Derrière ce rideau

J'ai la voix qui tremblote

J'aurais du boire cette eau

À ce vin qui picote

Le jour ou même le soir

Je fredonne mes copies

Il n'est jamais trop tard

Pour raconter ma vie

Sans eux je ne serais rien

Sans voix ni musiciens

C'est avec appétit

Que j'entonne mes écrits

La belle qui m'accompagne

Du sucre pour ma voix

Un aliment vital

Doux comme de la soie

Du son et des paroles

Je vais emballer tout ça

Dans une farandole

Qui dissimule ma voix

Je vais chanter ce soir

Debout je vais brailler

Faire croire à ceux que j'aime

Je sais vraiment chanter

Chuchoté

J'ai chuchoté

A l'oreille

Des mots

Et merveilles

Une constellation

De rimes

Et de sons

Acouphène

J'ai croisé

Ton ombre

Dans mes rêves

Une doublure

Qui me suit

Quand la lumière

Se lève

J'ai posé sur tes lèvres

Une envie

Qui nous crève

Un rapprochement

Soudain

Jusqu'au

Petit matin

J'ai décoré

Nos songes

D'un amour

Qui renverse

J'ai tapissé

Ma vie

D'un béguin

Sans répit

Je suffoque

Je suis vide

C'est la panne

Des sens

Quand trop loin

Tu t'enfuis

Je ne sais

Plus l'heure

Ni le jour

Ni la nuit

Mon horloge

S'arrête

Dès la porte

Franchie

Je ne veux plus

De trêves

Ne plus

Perdre de temps

Que le soleil

Nous lève

Chaque jour

Pour longtemps

Confesse

Plongé dans mon passé

La nuit je me confesse

Penché vers ces jours sombres

Chaque jour il m'agresse

Je voudrais oublier

Ces douleurs qui me bercent

Peut-être suis-je né

À la mauvaise adresse

L'amour je l'ai cherché

Au milieu des caresses

Des douceurs survolées

J'attends toujours le reste

Aimer c'est du passé

Pas toujours conjugué

Pour une vie moins austère

J'ai pris mon dictionnaire

Toi ma pauvre mère

Je t'ai tout pardonné

Quand on vit en enfer

Pas de temps pour aimer

Fini le mauvais temps

La tempête est passée

Encore combien de temps

Jusqu'à la nuit tombée

Conscience

On court dans tous les sens

Tout seul faut qu'on avance

Rattraper ses absences

Pour combler sa conscience

L'amour ou bien la haine

Des supplices de vie

Des épreuves qui s'enchainent

Pour te mettre en bouillie

Une résurrection

Pour faire naître une envie

Le temps d'une connexion

Éloigner ses débris

On savoure ces instants

Qui déballent nos rêves

Cachés depuis longtemps

C'est la fin de la trêve

Des frissons qui t'emportent

Des sentiments qui claquent

Guetter derrière sa porte

Ces délires très opaques

On épluche nos serments

Comme ce fruit pourri

Pour l'amour pas de temps

Avant qu'il ne flétrit

Dans ce royaume vide

On ne voit que les ombres

De ces belles naïves

Qui fleuriront ta tombe

Les dieux sont nos amis

Des confidents feutrés

Partage de fantaisies

Vers ce ciel étoilé

On vit en dent de scie

Même si pour toi demain

Nous serons réunis

Comme les doigts de la main

Le tain de ce miroir

Au reflet défraîchi

Terni tes espoirs

Ton corps et ton esprit

Léger comme une plume

On s'égare le soir

Dételé cette enclume

Qui empêchait d'y croire

Décimer le mépris

L'arrogance et l'orgueil

Toutes ces saloperies

Couchées dans un cercueil

Étrange frénésie

Que cette boulimie

Un met aux mille saveurs

Mélange de douceurs

Croire

J'ai le cœur en gaufrette

Entre deux amourettes

Le léger goût sucré

D' un amour oppressé

J'ai le cœur allégé

Comme ces gouttes de lait

Écrémé de ce poids

Qui me pèse parfois

J'ai le cœur qui chavire

Percé par le désir

Ce navire en détresse

À force de souffrir

J'ai le cœur qui s'égare

Dans toutes ces illusions

Ce mirage qui m'empare

À perdre la raison

J'ai le cœur qui scintille

Comme cette voie lactée

Ces étoiles qui brillent

Cette grâce adulée

J'ai le cœur qui pétille

Un culte sulfureux

Une douceur qui vacille

Déséquilibre heureux

J'ai le cœur qui infuse

Dispersé en effluve

Quand s'approche ma muse

Je sombre dans l'étuve

J'ai le cœur boulimique

Un appétit sans faim

Un ogre famélique

Je dévore mon destin

J'ai le cœur qui se glace

Penché sur ce miroir

Ces années qui s'entassent

Je veux toujours y croire

De grâce

De grâce exhausse moi

Fais moi juste une place

Pour élire domicile

Dans ce coin où se terre

À l'abri des regards

Un amour qui frétille

De grâce exhausse moi

Mes mains tremblent

J'ai le cœur qui vacille

Les mots ne sortent plus

Figé par cet attrait

Aux désirs qui pétillent

De grâce exhausse moi

Donne moi le courage

Quand je cache ma foi

Dans cette prière sensé

Vérité qui bouscule

Un amour qui dérange

De grâce exhausse moi

Je voudrais te frôler

Même te surprendre

Partager des secrets

À ne plus rien savoir

Ni même rien comprendre

De grâce exhausse moi

Je ne veux plus attendre

Il nous faut savourer

Ce miel singulier

Avant que ce goût rance

N'altère nos avances

De grâce exhausse moi

il est encore temps

de vivre cette extase

j'ai décroché l'horloge

Ne regarde plus l'heure

Fions nous à la lune

Gravé

J'ai gravé sur cet arbre

Les lettres qui nous accrochent

Ces liens que l'on étale

Pour se sentir plus proches

Nos rêves sont unis

Jusqu'à la dernière heure

Il faut qu'on soit punis

Pour briser ces douceurs

Les battements de nos cœurs

Ces horloges pour la vie

Des rythmes qui font peur

À ceux qui nous envient

Je marche dans tes pas

Comme mon sang dans tes veines

J'irai jusqu'au trépas

Pour réunir nos peines

À travers ces persiennes

Le jour laisse apparaître

Une douce silhouette

Un refuge quand je saigne

Nous voilà emmêlés

Des nœuds que l'on savoure

Suprême destinée

Attachés pour toujours

Dans le creux de ta main

Un sillon que je suis

J'avance sur ton chemin

Je marche jour et nuit

Je suis un affamé

Un régime sans elle

Un amour décharné

Quand je m'éloigne d'elle

J'ai gravé sur ma peau

En lettres majuscules

Ce qui faisait défaut

A notre jolie bulle

J'attends

Un visage un mystère

Un rebus à l'envers

Un visage cent fois

Croqué du bout des doigts

Qui se cache derrière

Ce masque si étroit

Une vie qui se terre

Une vie aux abois

Triste et solitaire

Quelques tranches de vie

Nourriture éphémère

Pour nourrir ses envies

Je devine des ombres

Accrochés à mes rêves

Un lâcher de colombes

Pour achever la trêve

J'ai d'étranges visions

Qui me donnent l'espoir

De briser cette arcane

Réfugiée dans le noir

J'attends que le soleil

Me fasse la lumière

Pour un tendre réveil

Sur son corps qui sommeille

Je veux

Je veux de la lumière

Je veux que ça flambe

Je veux d'un amour

Qui nous ressemble

Pas d'un amour

À la cuillère

À petite dose

Jusqu'à la bière

Je veux te garder

Dans mes artères

Que tu sois là

Quand je me perds

Je veux t'écrire

Des mots pour plaire

Et t'emporter

Loin dans ma sphère

Je veux que nos jours

Soient comme nos nuits

Que l'on s'enlace

Sans répit

Je veux ton sourire

Pour seul remède

Contre ces maux

Qui m'obsèdent

Je veux que ta main

Prenne la mienne

Pour me guider

Vers cet Eden

Un horizon

Clair ou obscur

Juste le temps

D'un amour pur

La carabosse

J'ai croisé la carabosse

Cette vieille dame à la bosse

Légende au passé tourmenté

Qui n'aime pas les belles poupées

Elle aime les pommes très colorées

Très rutilantes au goût amer

Habitées par quelques vers

Qui se prélassent à ne rien faire

Une vieille brune aux yeux de pierre

Un visage rude sourire de fer

Une robe pochée à l'encre noir

Pour t'inviter très tard le soir

Gracieuse comme un fer à friser

La douceur d'une pierre à poncer

Les fleurs du mal ses préférées

Des poils très durs faut pas se frotter

C'est une fée aux bas de laine

Mélange de vin dans son haleine

Sourire moqueur aux dents pointues

Sa méchanceté une vertu

La jalousie c'est son péché

Pour les mignons c'est pas gagné

Des longs cheveux couleur corbeau

Le nez crochu comme cet oiseau

Sous son chapeau très étiré

Se cache un visage jaune pressé

Les rides font parties du décor

La carte d'une chasse aux trésors

Si vous cherchez une aventure

C'est pas vraiment une valeur sûre

A grands coups de formules magiques

Pour une vie tragi-comique

La scène

je contemple l'arène

Les vocales à la peine

Retranché dans mes cordes

Sur un coin de la scène

Il faut que je respire

Avec un grand sourire

Trois minutes à croiser

Ces regards qui m'effraient

C'est la scène de ménage

Pour ceux qui m'accompagnent

Un mélange de rage

Et de son qui castagne

Caché sous un mouchoir

Une gloire éphémère

Pour les photos du soir

j'ai brisé mon miroir

Je partage mes espoirs

Une fée captivée

Des notes quand il fait noir

Mises au jour pour chanter

Ces deux mains qui s'égarent

Noir et blanc torturés

Ce clavier qui s'empare

D'une mélodie rangée

Je tombe dans l'ivresse

De ces notes salées

Une complainte piquante

Un arrière goût sucré

Le public c'est l'espoir

Un combat rapproché

Une lutte dans le noir

Des cris pour éclairer

Le rideau est tombé

Sur notre humilité

Le courage nous attend

Dans le prochain tournant

Le pied

Hier j'ai pris mon pied

C'est mieux que dans le derrière

Des effets secondaires

Aux sensations variées

Étrange extrémité

Qui te fait avancer

Juste un pas de travers

Pour finir en galère

À pied ou sans papier

De douleurs en souffrances

Un monde sans pitié

Ignoble indifférence

La tête hors de l'eau

Pour ne pas perdre pied

Une apnée obligée

Ne pas finir K.O

Je fais un pied de nez

À toute cette gouvernance

Un geste pour rappeler

Nos vies qui puent le rance

Un simple contre pied

Opposer nos tourments

Sinistre société

Qui oublie ses enfants

Se lever du pied gauche

Pour un mot de travers

Ton avenir sera moche

Plongé dans le désert

Juste un pied dans la tombe

Je ne met pas la paire

J'attends pour l'autre monde

J'ai tant de choses à faire

Faire du pied à sa vie

Un appel qui t'avance

Au diable les ennuis

Sinistres doléances

Le verger

Depuis que j'ai la patate

Mes rondeurs s'effritent

Rouge comme une tomate

Un éclat que j'évite

Maintenant j'ai la banane

Je suis fort comme un âne

Mais quand j'aurai la pêche

J'étonnerai les pimbêches

C'est le temps des cerises

Les couleurs se ravivent

Je suis comme cette endive

Une pâleur qui m'épuise

Coiffé comme cette frisée

Cheveux ébouriffés

Mon teint qui se confond

À ce joli citron

C'est fait je suis marron

La main pris au collet

Je vais finir au chaud

À cuire des flageolets

Ah la jolie citrouille

Qui rime avec andouille

Je me tire avec l'oseille

Pour finir au soleil

Le bambou je l'avais

J'ai tenu jusqu'au bout

Mais l'avocat m'a dit

On finit dans les choux

Cette grande asperge

S'est payé ma jujube

Il m'a dit des salades

Qui m'ont rendu malade

Je n'ai plus un radis

Je mange des salssifis

Envoyez des roquettes

On nous prend pour des blettes

Ces bons fruits et légumes

Aux vertus reconnues

Peuvent te transporter

Dans un monde sans vertus

Loups

Je souris à la vie

À toutes ses fantaisies

Des visions qui s'animent

jusqu'aux délires ultimes

Je soupire dans ton lit

Saines tentations

Les démons les discours

Étouffés pour toujours

Je t'attends tous les jours

Accroché à ce jour

J'ai peur que la nuit

T'emporte sans un bruit

Je guette à ma fenêtre

Ta frêle silhouette

Je devine cette odeur

Qui tapisse mes heures

Je veux stopper le temps

Comme se calme le vent

Arrêter la pendule

Qui ronge nos cellules

Je veux que tes sourires

Révoltent nos printemps

Seulement vaincre ou périr

Enlacés sur un banc

Les sanglots que j'essuie

Sur tes joues arrondies

Des rivières sacrées

Que j'aime détourner

Les roses que tu respires

Ces robes qui m'inspirent

Mélange de volupté

Pour ne pas dépérir

Je souffle sur ta braise

Pour réchauffer nos nuits

Un décor qui s'achève

Quand le soleil luit

J'ai peur de tous ces loups

Qui rôde dans ta vie

Ces prédateurs sans bruit

À l'affût de l'ennui

Ma ronde

Hier j'ai eu 30 ans

Du haut de ma fenêtre

Je contemple ce monde

Un regard qui m'inquiète

Un univers obèse

Bouffi défiguré

Un goût de mayonnaise

Aux acides saturés

Un ciel très bigarré

Des jolis tons de gris

Une épaisse fumée

Pour raccourcir ta vie

La banquise qui fond

Comme un épais glaçon

Bientôt le dernier verre

Assis sur ce lagon

On étête des hommes
Comme on tranche une pomme
Un geste familier
Pour des hommes sans pitié
On consomme à outrance
Pour se remplir la panse
Un régime pour la terre
Qui maigrit chaque hiver
Nature déjantée
Aux caprices sordides
Tu rends bien la monnaie
Aux humains insipides
Du haut de ma fenêtre
Je contemple ce monde
J'ai envie de pleurer
Pour notre belle ronde
Il faut se réveiller
La terre va s'arrêter

Dernière révolution

A cause de tous ces cons

Arrêter de dormir

Sinon on va croupir

Au fond de cette fosse

Sale image pour nos gosses

Ma solitude

Je la côtoie

Sans amertume

Juste un besoin

Être sur la lune

Penser à rien

Hors du chemin

Dans cette bulle

Je ne vois rien

Une énergie

Qui me ravit

Cet isolement

J'en suis friand

Pas de regrets

Ni de rancœur

Je ne partage pas

Ma solitude

Jardins secrets

Et confidences

Tous enfermés

Dans cette transe

Remède factice

À ces supplices

Un placébo

Qui me tient chaud

Qu'on me laisse tranquille

Quand je suis parti

Je reviendrai

Sans faire de bruit

Message

J'ai retrouvé ta voix

Dans ce message moche

On était aux abois

Une meute qu'on écorche

J'ai déchiré ces lettres

Où les mots nous déchirent

Crié à la fenêtre

Ces rancœurs qui transpirent

C'était une belle histoire

Où le rose débordait

Une abondance de vases

De promesses épousées

Les vertiges de l'amour

À têtes retournées

Des vestiges en amour

Souvenirs du passé

Des nuits de 24 heures

Aux 24 heures sans nuits

Le soleil et la lune

Des astres dissipés

Nos fièvres sont figées

Sorbet de cœurs glacés

c'est le temps de la bise

Pas le temps des cerises

J'ai frotté la poussière

Sur ton portrait caché

Impossible d'effacer

Ton regard exalté

J'ai planqué des reliques

Dans cette boîte à rire

Un mélange de colère

Étrange goût amer

Mes rêves sont encombrés

Par ton ombre gracile

Un fantôme accroché

A mes envies sordides

L'amour ne vaut pas cher

Contre un baiser volé

Un larcin pour passer

Dans le monde des regrets

Mon soldat inconnu

Je saigne dans ma tête

Une douleur qui m'affecte

Mon père cet inconnu

Mon soldat inconnu

Je cherche mes racines

J'ai perdu mes repères

Je glisse doucement

Dans mon imaginaire

Un secret de famille

Où rien ne s'éparpille

Pas même cette miette

De soupçon qui frétille

Je t'ai vu mille fois

Dans mon jardin secret

J'ai entendu ta voix

Cet écho sans reflet

Je griffonne un visage

Sur ce bout de papier

Du coin de cette table

Je me plais à rêver

Je traverse un désert

Un monde dépeuplé

Je cherche ce fantôme

Qui hante mes journées

Le fil de ma vie

Est parti dans l'oubli

Méandre douloureux

Pour être enfin heureux

J'ai demandé au ciel

De bien vouloir m'aider

Juste un bout de ficelle

Et pouvoir me guider

Cette paix intérieure

Comment la retrouver

Je combat ces démons

Qui me l'ont dérobé

J'attendais une caresse

Sur cette joue d'enfant

Mes rides sont marquées

Ça ne va plus glisser

Une comptine chantonnée

Pour être au firmament

Des histoires inventées

Des chimères de grand

Une souffrance noyée

Dans des larmes cachées

Malgré les apparences

J'hurle dans mes pensées

Pas facile

J'aime le whisky pour mes artères

Quand je rentre la nuit ça me désaltère

Je travaille dur pour ces ordures

Pour un salaire comme la misère,

Je suis abruti par ces turbines

Je ne dors plus la nuit comme ma voisine

Pour mon crédit faut que je tapine

J'enfile la graisse sur ces machines,

Chez Nintendo pas de cadeau

Pour mes gamins j'ai mal au dos

Drôle de jeux qui les consolent

Tous ces écrans qui me désolent,

Mon voisin s'appelait Fernand

Je l'ai vu de loin une fois seulement

C'est bien trop tard je suis un salaud

Ce vieux papi il est là haut,

Parfois je rêve que si demain

Ma boutique crève je n'ai plus rien

Dans mon tiroir un vrai cauchemar

Toutes ces factures c'est la fracture,

Je vois le soleil de temps en temps

Avec ma belle quand vient le printemps

Toutes ces fleurs quel beau supplice

Une belle torture pour nos iris,

Noël approche rien dans les poches

Cette grande hotte faut la garnir

On entend le son des cloches

Mauvais présage pour l'avenir,

Pour les enfants des sacrifices

On fait semblant des artifices

Pour voir Mickey c'est pas gagné

Des illusions qu'on fait durer,

Le bruit des vagues quand vient l'été

Faut qu'on s'évade même deux journées

Un goût de sel en souvenir

Et ce soleil qui fait rougir,

Toutes ces odeurs dans l'escalier

De cette tour qui m'effraie

Les senteurs de cette jeunesse

À l'avenir en grande détresse,

Des réunions entre voisins

Pour faire croire que tout va bien

La politique l'actualité

Des faux semblants pour se cacher,

J'ai une voiture pleine de couleurs

De la rouille au blanc poncé

Un arc en ciel pour se faire peur

Sur nos belles routes défoncées,

Le travail c'est la santé

Une belle tirade pour rigoler

Quand tu dépasses soixante années

C'est la santé qui te travaille,

Toujours dans le rouge Je passe au jaune

Dans l'espoir de finir l'aumône

Qu'importe la couleur du gilet

De toutes façons faut travailler ,

Cette vie me fait dégueuler

Goût de vomi sur mon passé

J'ai des nausées quand vient le soir

Une saveur rance dans mon plumard,

Ma vie ne sera pas facile

J'ai peu d'espoir suis pas débile

Bon courage à nos bambins

Surtout qu'ils prennent le bon chemin

Peines

J'ai le cœur enserré

Dans un étau de peine

Des sentiments coincé

Au milieu de mes veines

Une vive douleur

En plein milieu du cœur

Je cherche le remède

Des tourments qui s'égrainent

Je resterai une heure

Ou même une semaine

Pour un pressentiment

Je briserai tes chaînes

Je partagerai mon sang

Pour que vive ma reine

Il n'y a rien d'indécent

À partager que j'aime

Je t'écrirai des mots

Pour que tu me retiennes

Je les écrirai gros

Pour que tu t'en souviennes

Des regards qui se croisent

Un mélange de couleurs

Comme cet arc en ciel

Tout en haut de l'échelle

Intuition souveraine

Qu'un jour tu seras mienne

Je poserai mes lèvres

Pour effacer tes peines

Plus de place

J'ai plus de place

À partager

Même si mon cœur

S'est libéré

Petit espace

Pour de l'amour

Rien ne s'efface

C'est réservé

Je sais qu'un jour

Il va fleurir

Ce manque d'amour

Qui s'est fané

Je vais retrouver

Ce sourire

Sur ce faciès

Abandonné

Toutes ces larmes

Qui ont coulé

Marais salant

À abreuver

Je vais en faire

Une eau sucrée

Pour adoucir

Les jours passés

Sourires

Sourires d'été

Qui se cramponnent

Aux amours frêles

Quand vient

L'automne

Sourires d'automne

Qui dégringole

Comme ces feuilles

Manque la sève

Pour s'accrocher

Pour que ça colle

Sourires d'hiver

Que de gerçures

Et de blessures

Un coup de froid

À l'attachement

Printemps fidèle

À ces tourments

Un beau sourire

À pleine dent

Un nouveau cycle

Une nouvelle ère

A ces rictus

Temporaires

Tournis

Les lois de la nature

Il faut les contrarier

Quand deux cœurs se dispersent

Il faut les rapprocher

En noir ou en couleur

Des ardeurs panachées

Comme dans un arc en ciel

Toutes ces peaux mélangées

Pour que la vie ait un sens

Partageons ces naissances

Dissipons cette haine

Oublions ces rengaines

Il nous faudra creuser

Enterrer toutes ces pierres

Qui lapident ces êtres

Qui s'aiment à l'envers

Des fleurs pour s'aimer

Sans épines pour saigner

Des cultes qui s'arrachent

Et des cœurs qui s'attachent

Vivons tous nos rêves

Avant qu'ils ne s'achèvent

Le temps d'une illusion

Ou parfois on en crève

Quand la misère s'invite

Sous ton toit elle s'abrite

Un ami que je fuis

Un fidèle ennemi

L'amour faut l'attraper

Volatile, éphémère

Avant qu'il ne s'envole

Dans tous ces courants d'air

Le temps s'éparpille

Il emporte avec lui

Nos rires et nos confesses

Ces trésors qui pétillent

La tourmente des mots

Me donne le tournis

Toutes ces lettres mélangées

Pour un monde bien rangé

Un ange

Un ange m'a réveillé

Je l'emporte avec moi

Je vais lui demander

Qu'il reste près de moi

Je le garde pour moi

Bien caché sous mes draps

La tête sur l'oreiller

Je me plais à rêver

Le soleil s'est levé

Il me l'a dérobé

La lune va s'empresser

À rendre mon messager

Je l'attends chaque soir

Une nouvelle histoire

Des serments chuchotés

Des amours égarés

Je partage mes nuits

Avec ce bel archange

J'ai peur qu'il s'enfuit

Vers d'autres louanges

Un ange m'a réveillé

Jamais il ne dérange

Des rêves inexpliqués

Je l'attend c'est étrange

Une page

J'ai tourné cette page

Epaisse comme une vie

J'ai brisé ce mirage

Loin de tout je m'enfuis

Je crois qu'il est plus sage

Que nos regards se fuient

J'ai perdu cette rage

Ce désir que tu luis

Il n'y a pas d'âge

Pour les amours percés

Après l'orage

Mon cœur s'est envolé

Des plaies grande ouvertes

Qu'il faut cicatriser

Ouvrons cette fenêtre

Changeons cet air vicié

Le temps va nous aider

À vaincre ces tourments

La paix s'est engagée

À prendre les devants

L'amour emprisonné

Au fond de cette bouteille

Ne pourra m'étouffer

J'ai découpé ses ailes

Bruno, Priscilla, Marc, Catherine

Victor, Jean Pierre, Guy, Erwann

Un petit clin d'œuil à François

Une dédicace à Cohésion's petit groupe de musique où l'amitié et l'unité sont des critères essentiels.

Une dédicace particulière à ma petite famille et à tous ceux que j'aime.